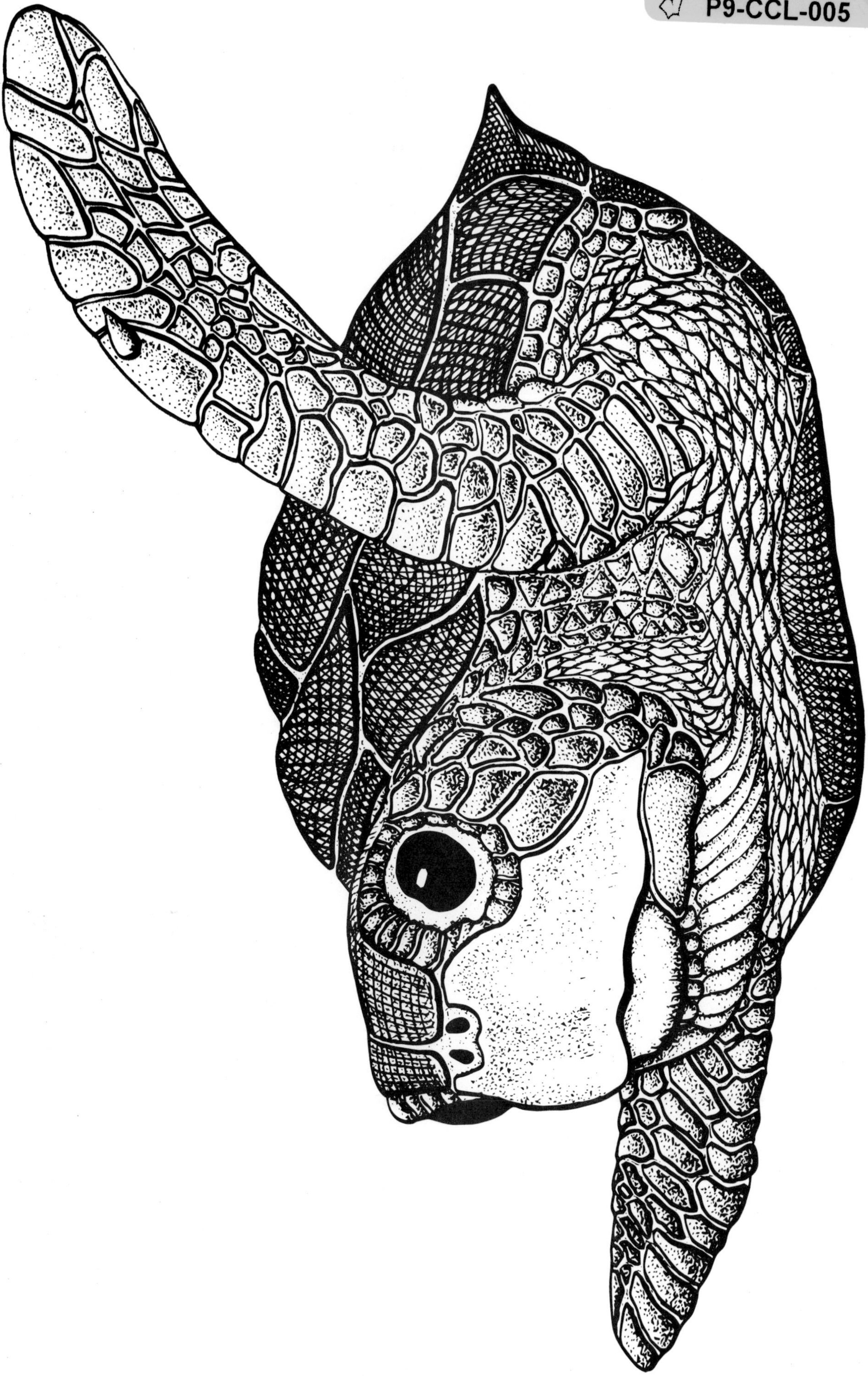

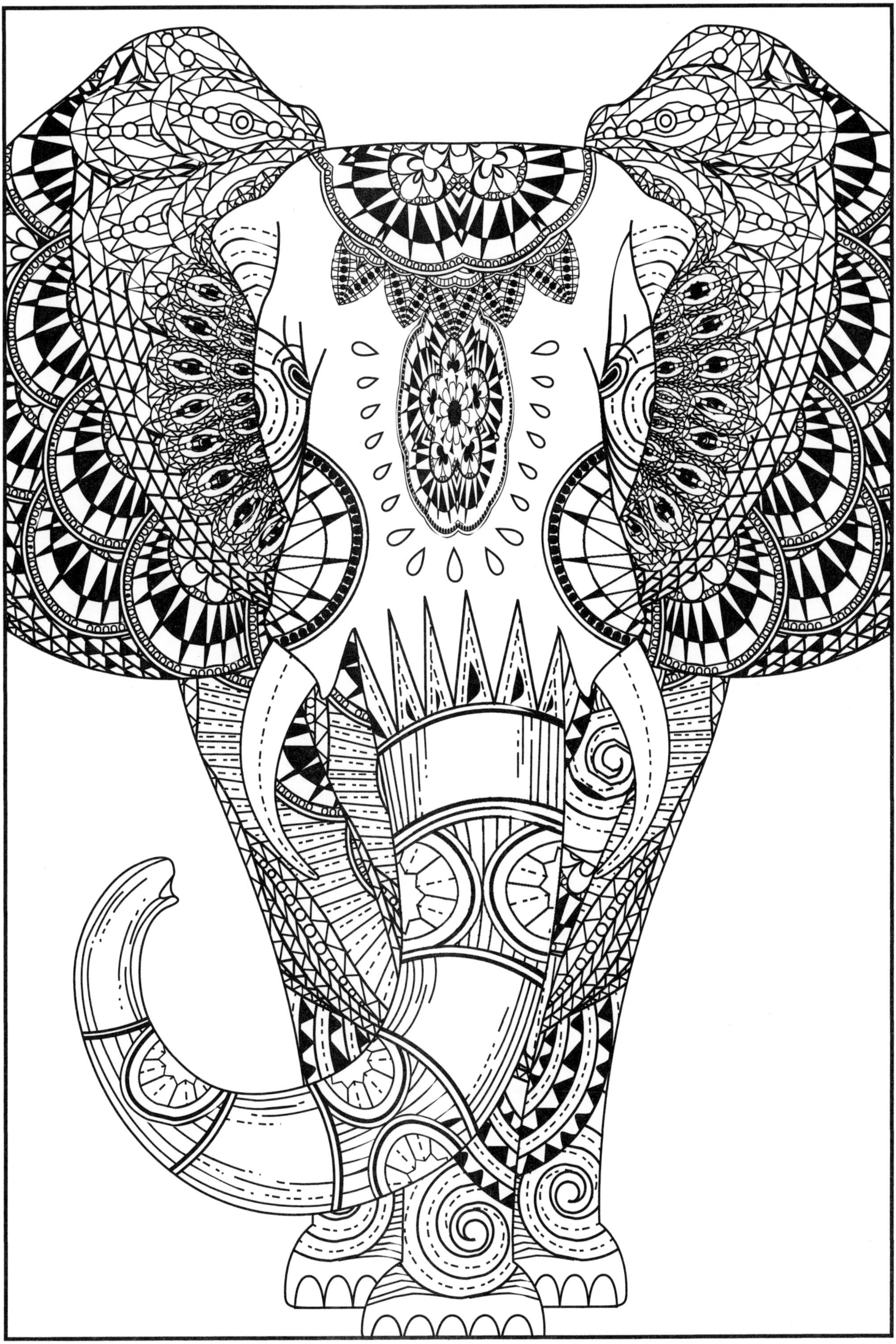

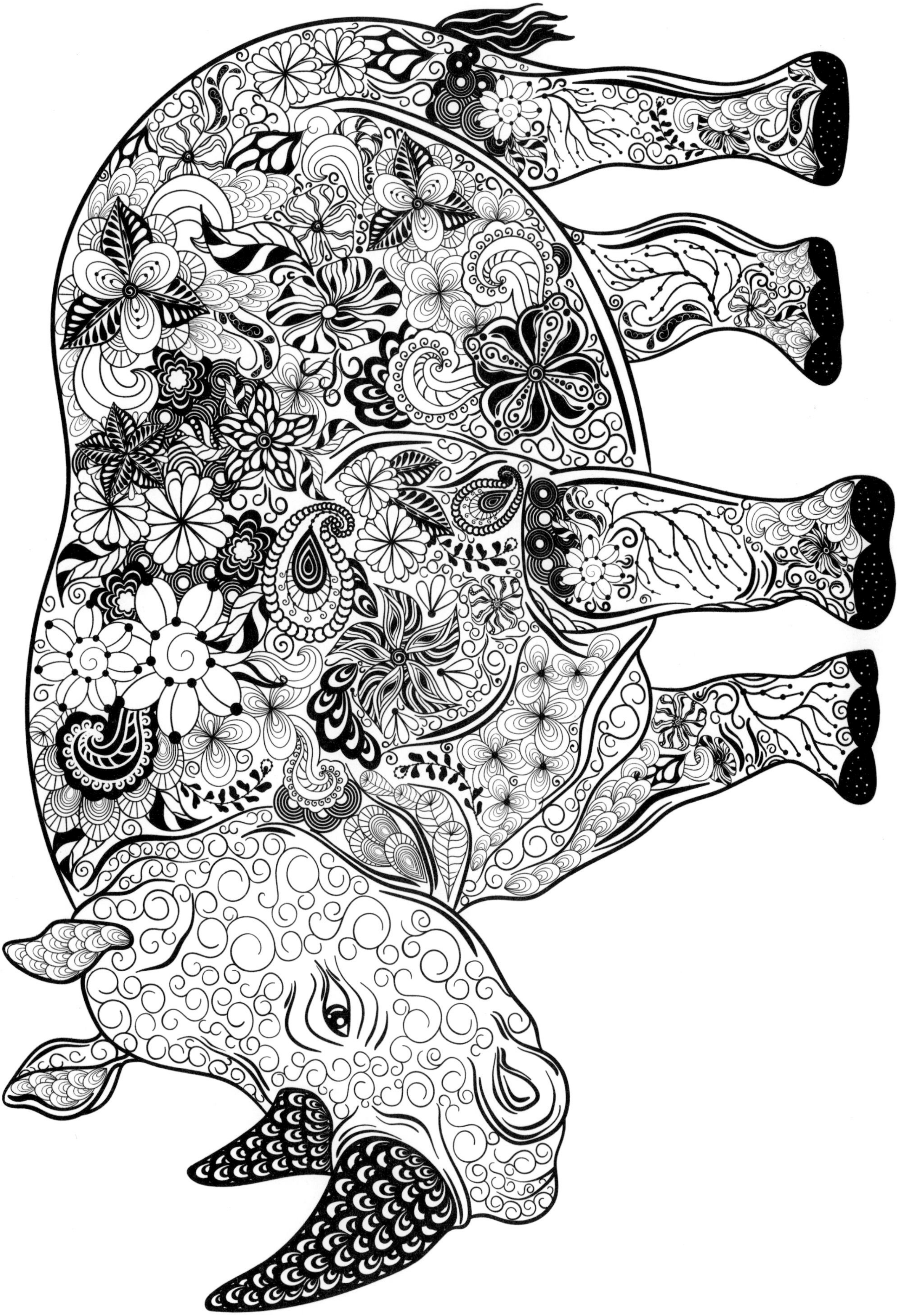

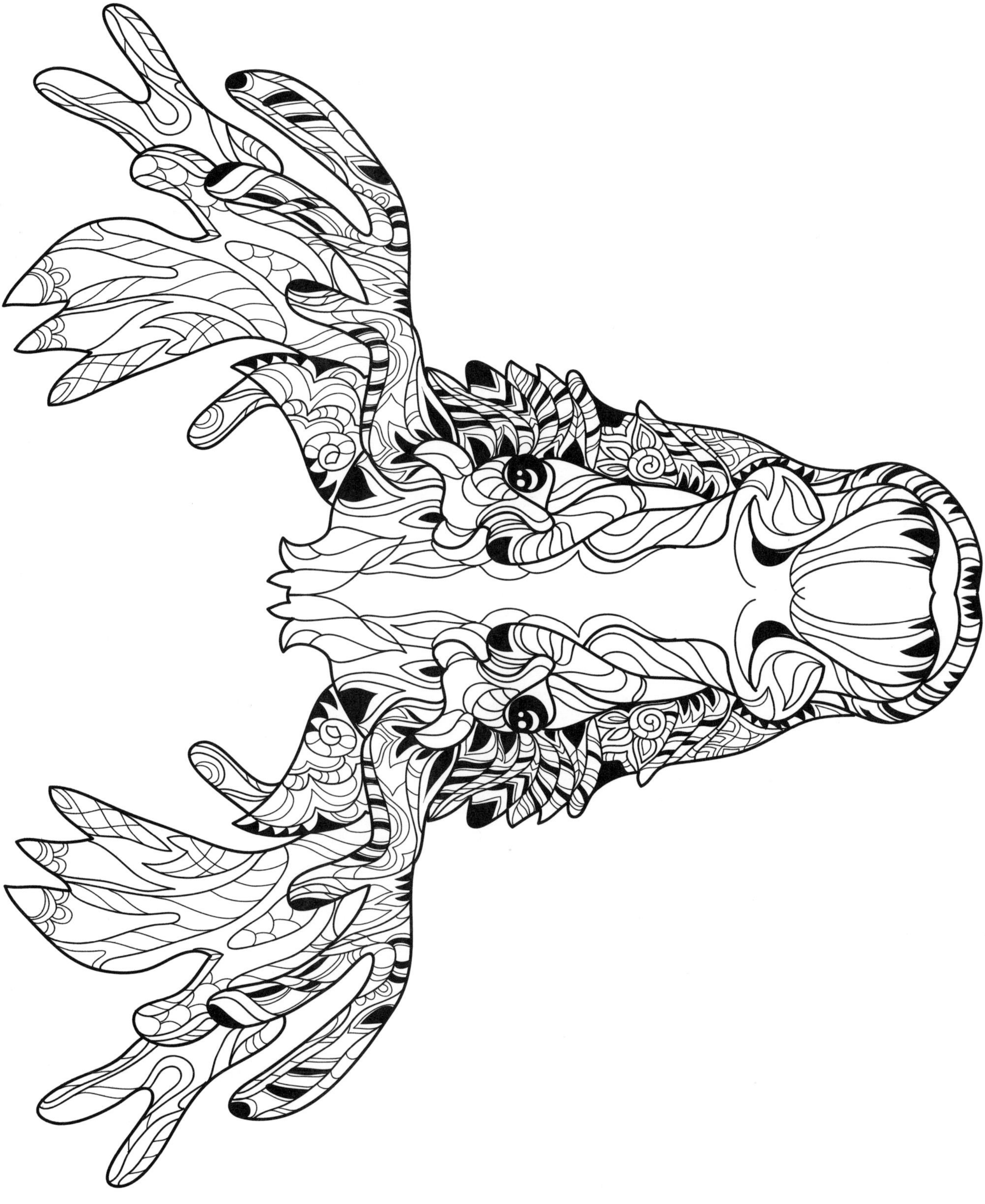

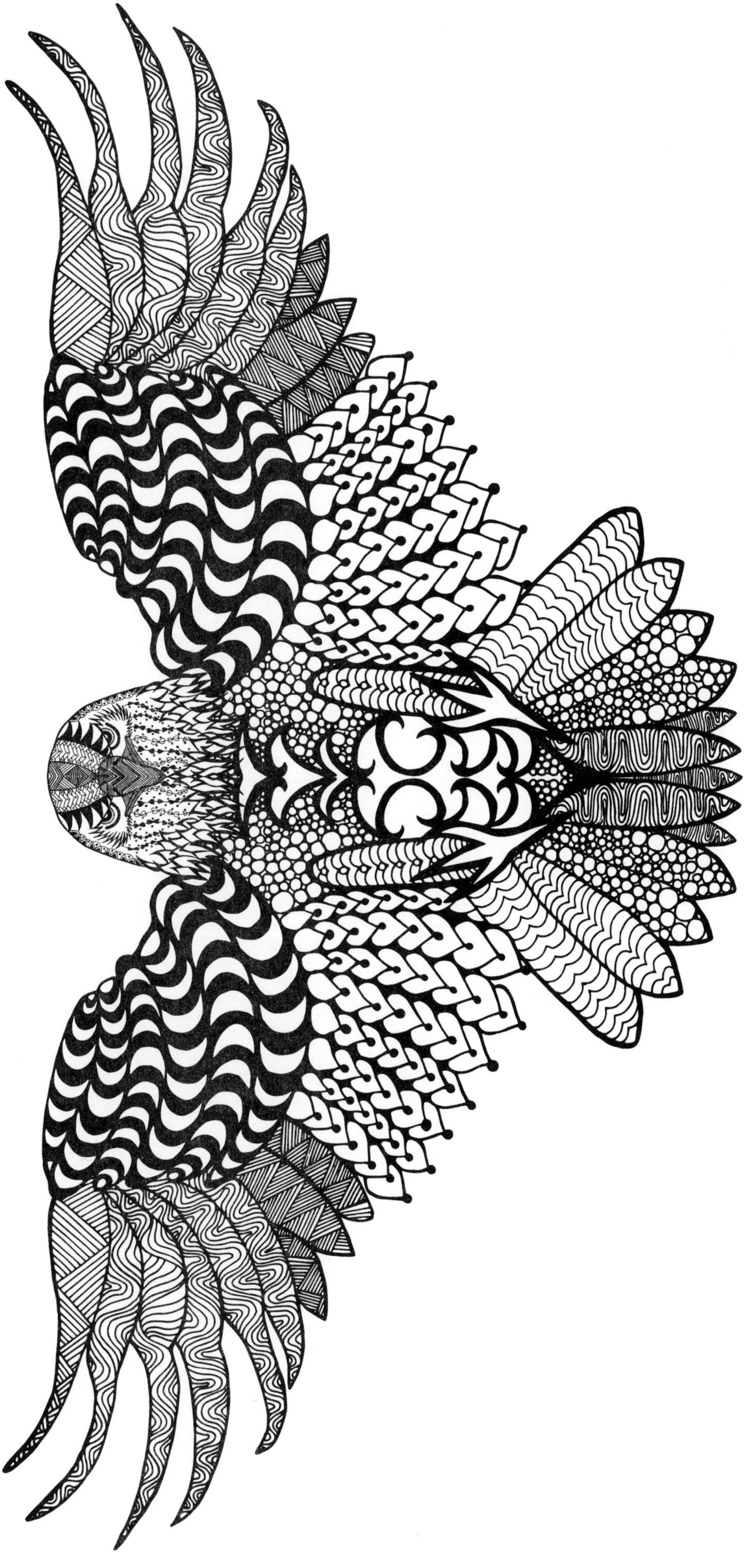

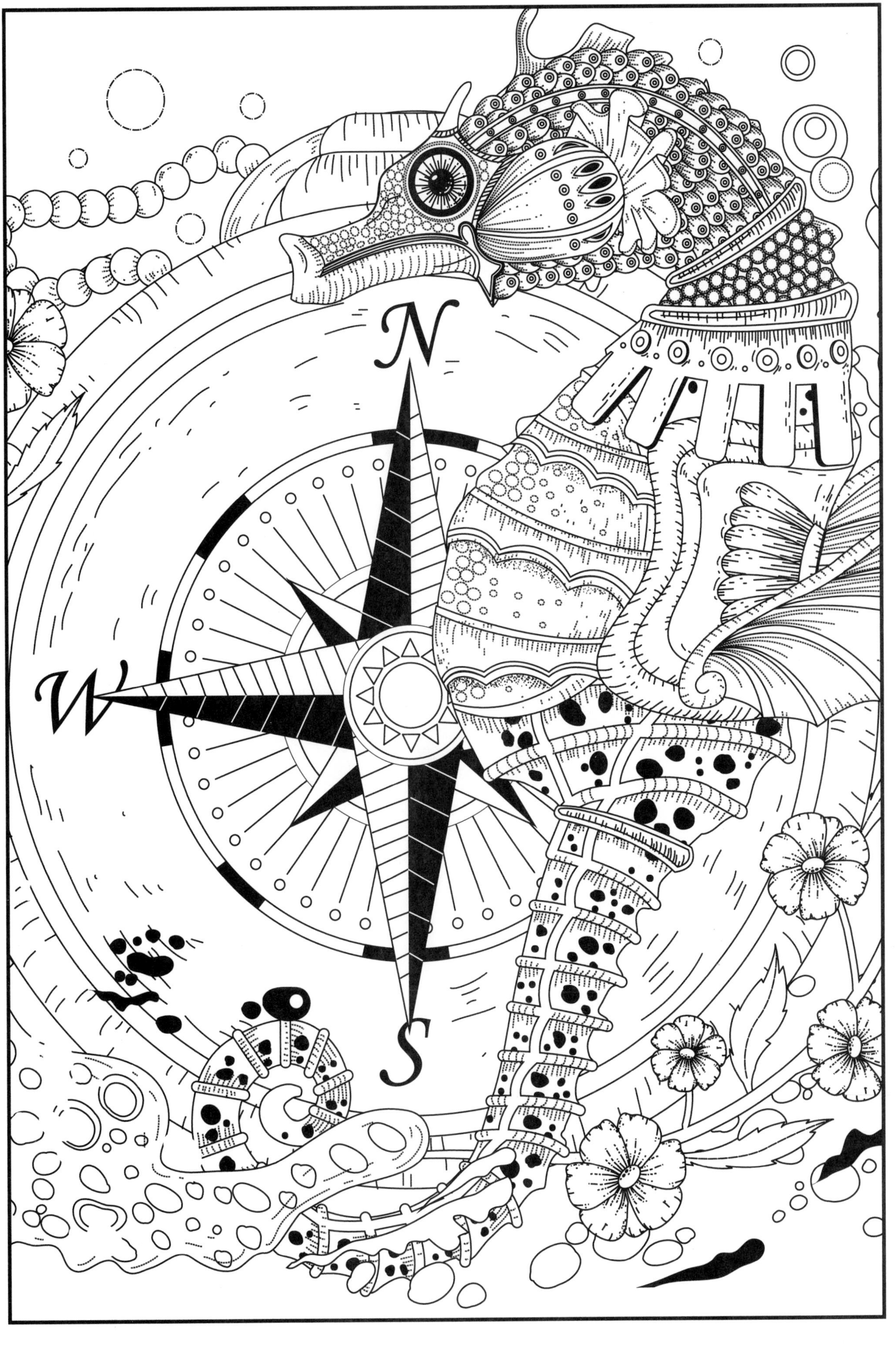
N
W
S

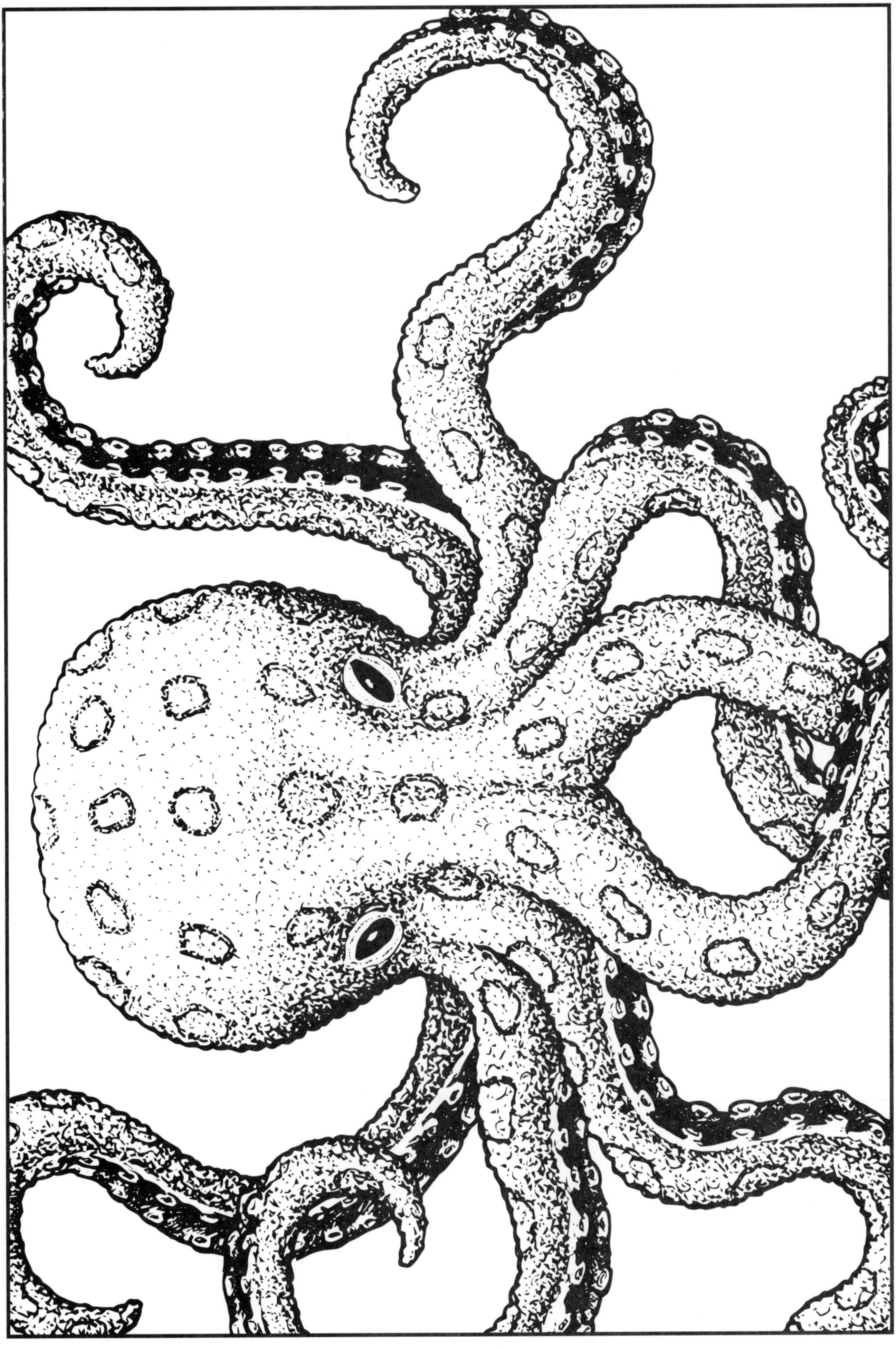

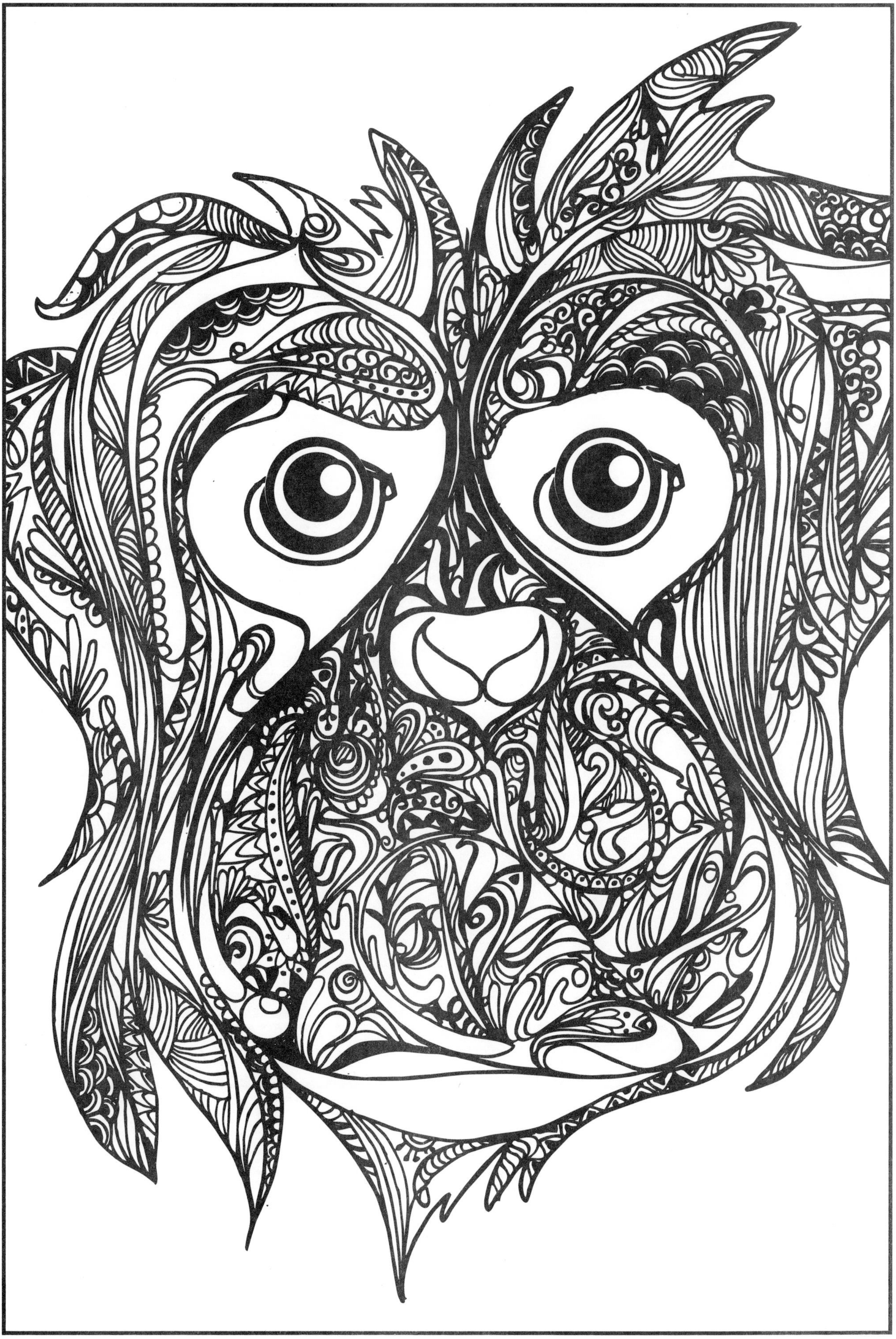

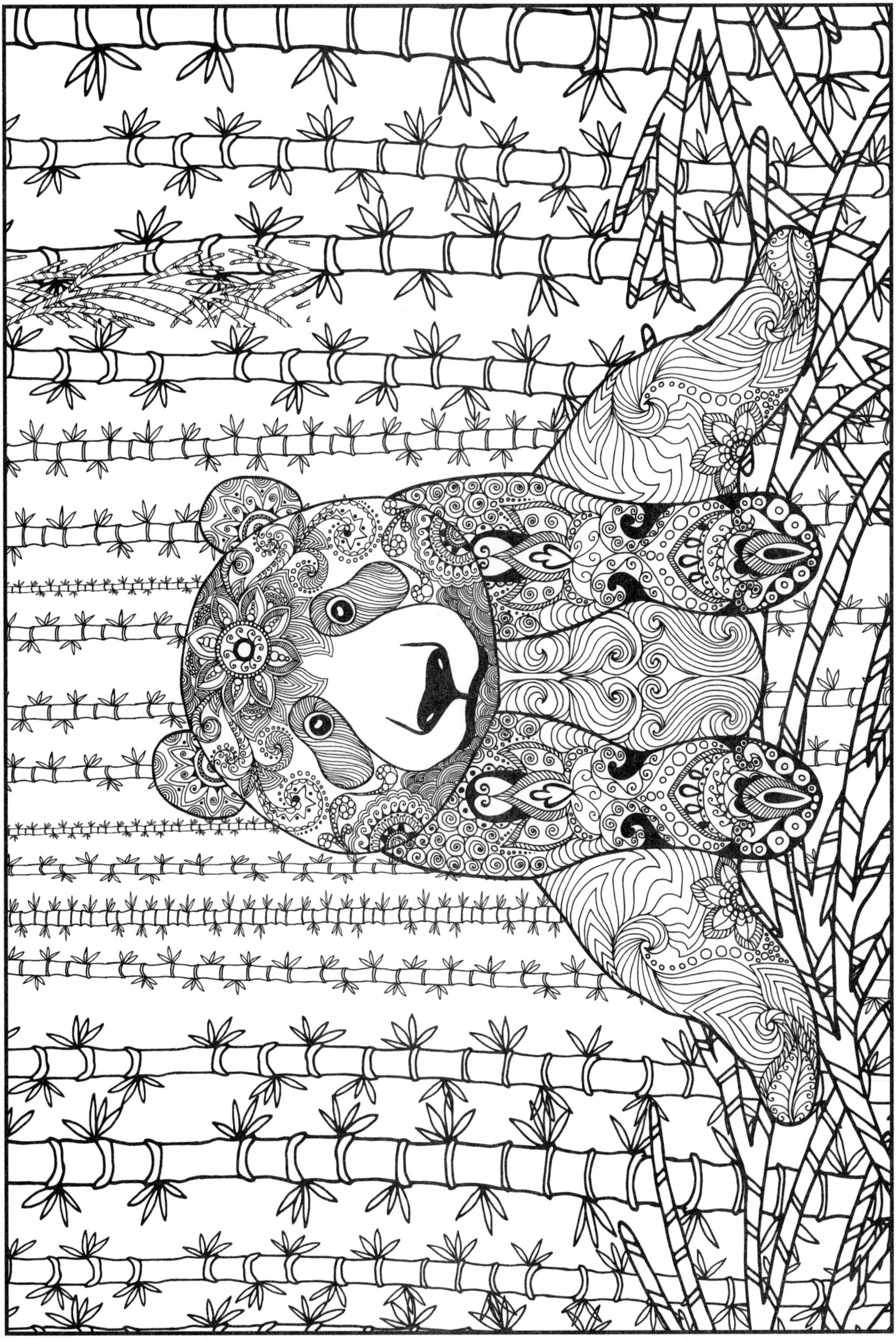